3.-6. Schuljahr

Waldemar Mandzel &
Autorenteam Kohl-Verlag

Bildanlässe zum Schreiben

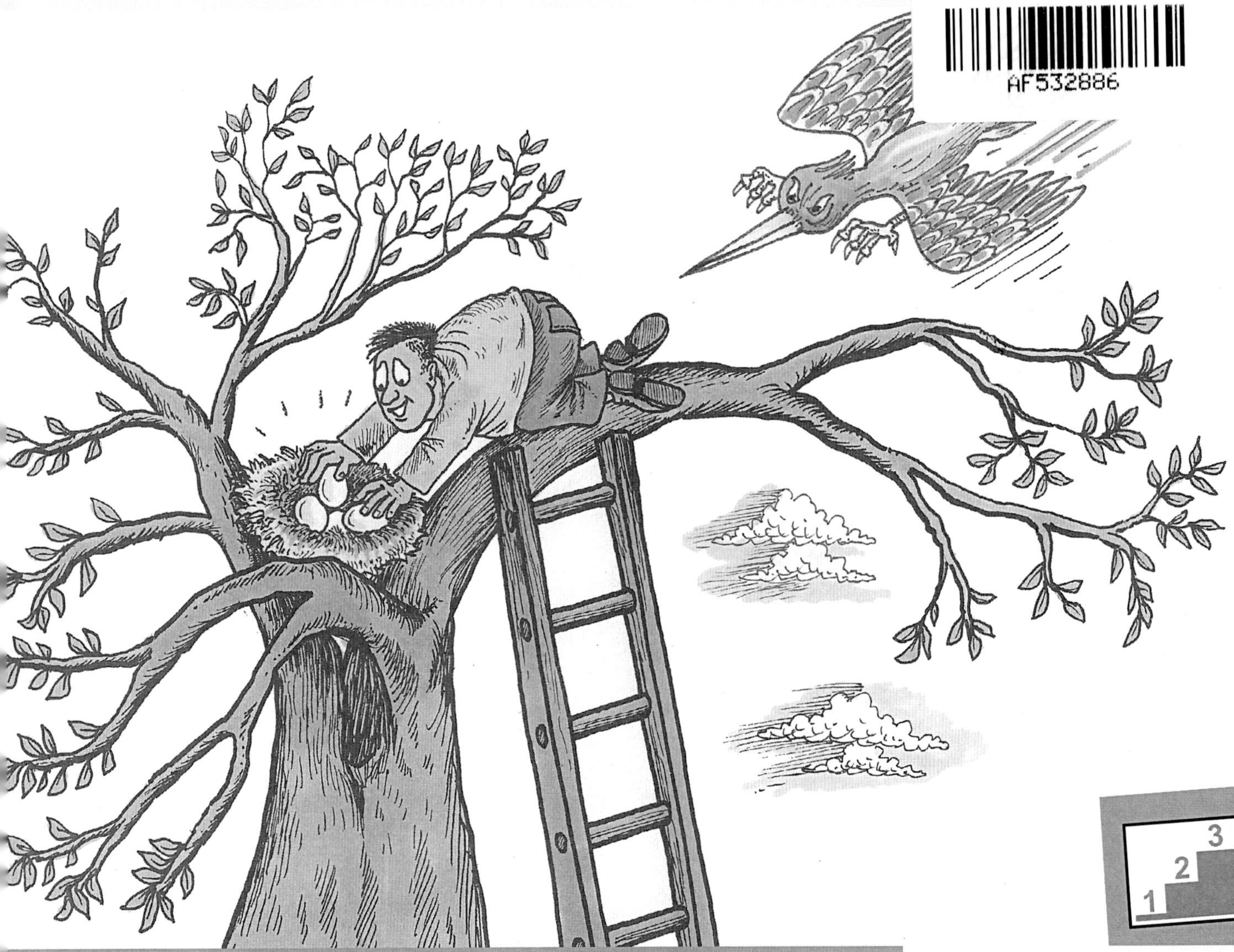

Deutschübungen anhand origineller & inspirierender Bilder

www.kohlverlag.de

Bildanlässe zum Schreiben

2. Auflage 2024

Inhalt: Waldemar Mandzel & Autorenteam Kohl-Verlag
Umschlagbild: Waldemar Mandzel
Redaktion: Kohl-Verlag
Grafik & Satz: Kohl-Verlag
Druck: Druckerei Flock, Köln

Bestell-Nr. 12 404

ISBN: 978-3-96624-095-6

Bildquellen

Bilder 1-11: © Waldemar Mandzel; **Seite 8:** © ii-graphics - Stock.Adobe.com; **Seite 19:** © Reiner P - Stock.Adobe.com, © Yael Weiss - Stock.Adobe.com; **Seite 28:** © FM2 - Stock.Adobe.com; **Seite 31:** © flovie - Stock.Adobe.com, © vegefox.com - Stock. Adobe.com; **Seite 51:** © zolotons - Stock.Adobe.com; die Gedankenblasen im gesamten Heft: © iQoncept - AdobeStock.com

Inhalt

Vorwort

Die Fülle an unterschiedlichen Schreibanlässen im Deutschunterricht ist schier endlos. Die letzten Ferien, ein Zauberspruch, ein Buchtitel, ein Gegenstand, aber auch ein Bild kann zum kreativen Schreiben anregen. Dabei sollen der Fantasie keine Grenzen gesetzt und die Lust am Schreiben gefördert werden.

Mit Hilfe von Schreibanlässen in Form von Bildern hat sich der vorliegende Band genau dies zum Ziel gesetzt. Die Bilder sind so gewählt, dass sie zum Schmunzeln einladen und die Schülerinnen und Schüler somit Lust am Schreiben entwickeln. Zu jedem der elf Bilder sind spezifische Aufgabenstellungen konzipiert, die genaues Beobachten und die Auseinandersetzung mit den Personen und deren Gedanken auf dem Bild fordern. Diese Impulse dienen als Vorarbeit für das eigentliche Schreiben wie zum Beispiel das Fortsetzen einer Geschichte oder das Schreiben aus einer anderen Perspektive.

Zu denjenigen Aufgaben, die eine konkrete Lösung zulassen, finden sich Lösungen am Ende des Buches. Zu jedem Bild sind Aufgabenstellungen in unterschiedlichen Niveaustufen formuliert:

⊙ grundlegendes ... ! mittleres ... ✶ erweitertes Niveau

Viel Spaß beim Einsatz der Materialien wünschen Ihnen das Autorenteam des Kohl-Verlages und

Waldemar Mandzel

Niveau

Bild 1

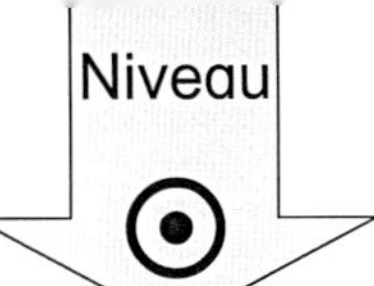

Bild 1

Aufgabe 1: **a)** *Male das Bild aus.*

b) *Was passt zusammen? Ordne zu.*

1.	~~Fußball~~	**a)**	Tisch
2.	Tisch	**b)**	Kanne
3.	Kuchen	**c)**	Tag
4.	Garten	**d)**	~~Spiel~~
5.	Milch	**e)**	Decke
6.	Sommer	**f)**	Teller

Lösung:

1.					
d)					

Aufgabe 2: *Schaue dir das Bild genau an und bestimme, welche Wörter/Wortverbindungen dazu passen. Unterstreiche sie.*

Hecke – vom Tisch abräumen – zwei Frauen – Wald – in die Schule gehen – Tisch decken – Teller spülen – Ball kicken – Volleyball – gute Stimmung haben – Mauer – direkt auf den Kuchen – Ball kaufen – Fußball spielen – vom Tisch herunterfallen – Küche – zum Tisch fliegen – Kuchengabeln

Aufgabe 3: *Beantworte folgende Fragen. Schreibe in dein Heft.*

a) *Was machen die Frauen auf dem Bild? Warum lächeln sie?*

b) *Was machen die Jungs? Warum sind sie so erschrocken?*

BILDaNLäSSE ZUM SCHREIBEN
Deutschübungen anhand inspirierender & origineller Bilder – Bestell-Nr. 12 404
KOHL VERLAG

Niveau

Bild 1

Aufgabe 4: *Stelle dir das Gespräch zwischen den beiden Frauen vor. Was sagen sie?*

Frau 1

Frau 2

____________________ ____________________

____________________ ____________________

____________________ ____________________

Aufgabe 5: **a)** *Schreibe hier die Gedanken der Jungen auf.*

____________________ ____________________

____________________ ____________________

____________________ ____________________

b) *Jetzt ist deine Fantasie gefragt! Wie geht die Geschichte weiter? Schreibe in vollständigen Sätzen in dein Heft. Du kannst folgende Wörter/Wortverbindungen oder deine eigenen benutzen.*

plötzlich

laut aufschreien

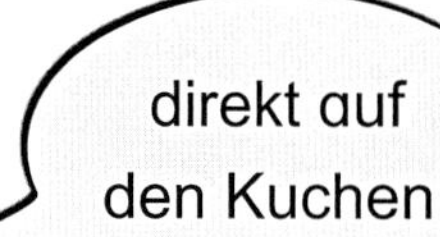

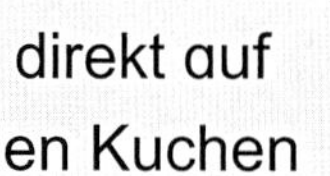

direkt auf den Kuchen

wegrennen

sich erschrecken

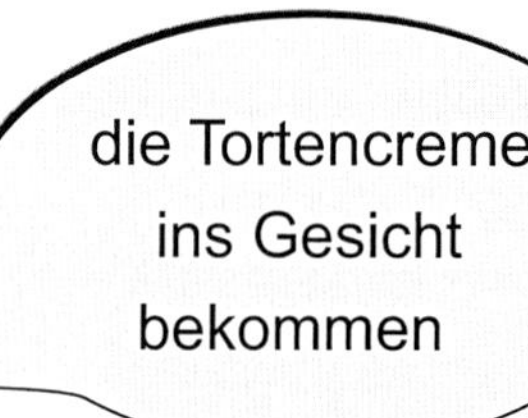

die Tortencreme ins Gesicht bekommen

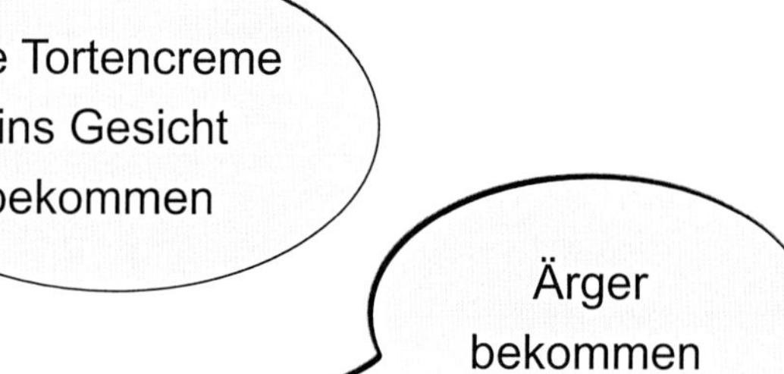

Ärger bekommen

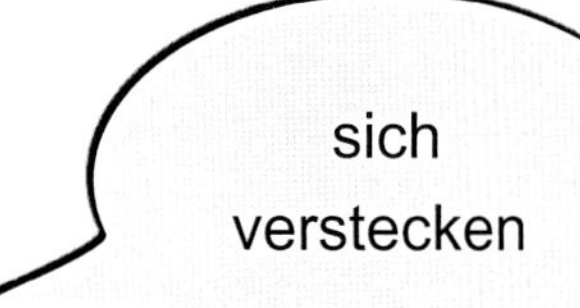

sich verstecken

Niveau !

Bild 1

Aufgabe 1: *Sieh dir das Bild genau an und wähle Stichwörter dazu aus. Schreibe in die Tabelle.*

fester Schuss – fünf Männer – gemütliche Kaffeestunde – viele Zuschauer – Tisch decken – Nachbarwiese – große Geburtstagsparty – leckerer Kuchen – Sportstunde – zwei Frauen – Nachbarhaus – spannendes Fußballspiel – gut gelaunt – Schrecken – drei Jungs

Stichwörter	
Vordergrund	**Hintergrund**

Aufgabe 2: *Was passiert in den nächsten 5 Minuten? Schreibe in Stichwörtern.*

____

____

____

Aufgabe 3: *Stell dir vor, du wärest* **a)** *eine der Frauen oder* **b)** *einer der Jungen. Berichte nun über die ganze Geschichte aus ihrer Sicht. Schreibe in ganzen Sätzen ins dein Heft.*

Tipp! Deine Geschichte soll Antworten auf die W-Fragen geben.
Wer? Wo? Wann? Was ist passiert?

Aufgabe 4: *Wähle eine passende Überschrift für deine Geschichte aus oder erfinde eine eigene.*

Eine Überraschung zur Kaffeestunde • Ein Volltreffer • Ende gut – alles gut • Unerwartetes Finale • Was kommt, das kommt

BILDaNLässE ZUM SCHREIBEN
Deutschübunhgen anhand inspirierender & origineller Bilder – Bestell-Nr. 12 404
KOHL VERLAG

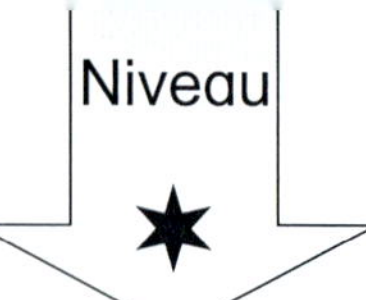

Bild 1

Aufgabe 1: *Sieh dir das Bild genau an und finde weitere Stichwörter dazu. Schreibe sie in die Stichwörtertabelle.*

Stichwörter	
Vordergrund	**Hintergrund**
Kaffeetisch, …	fester Schuss, …

Aufgabe 2: *Überlege zusammen mit deinem Tischnachbarn, was nachher passieren könnte. Schreibt in Stichwörtern. Schreibe in ganzen Sätzen ins dein Heft.*

Wann? Wo?

In 1 Minute: ______________________

____

____

Warum? Was?

In 5 Minuten: ______________________

____

____

Wie?

In 30 Minuten: ______________________

____

____

Niveau ★

Bild 1

Aufgabe 3: *Stellt euch das Gespräch zwischen den Frauen und den Jungen vor. Schreibt dieses Gespräch wie ein Rollenspiel in der wörtlichen Rede auf. Wenn ihr mehr Platz braucht, schreibt in eure Hefte.*

Tipp: Denkt euch Namen für die beiden Frauen und die Jungs aus!

Junge 1: ______________________________

____

Frau 1: ______________________________

____

Junge 2: ______________________________

____

Junge 3: ______________________________

____

Frau 2: ______________________________

____

Junge 1: ______________________________

____

Frau 1: ______________________________

____

Aufgabe 4: *Einer der Jungs ist vom Ereignis sehr „aufgedreht“ und schreibt am Abend in sein Tagebuch. Schreibe an seiner Stelle und denke an die Ich-Form. Schreibe in dein Heft.*

Tipp: Denke an eine Überschrift!
Lasse die Personen in deiner Geschichte *„reden“!*

KOHL VERLAG BILDaNLässE ZUM SCHREIBEN Deutschübunhgen anhand inspirierender & origineller Bilder – Bestell-Nr. 12 404

Niveau

Bild 2

Niveau

Bild 2

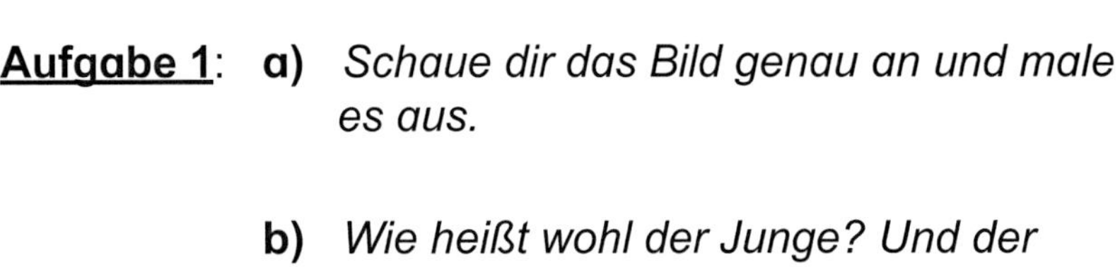

Aufgabe 1: **a)** *Schaue dir das Bild genau an und male es aus.*

b) *Wie heißt wohl der Junge? Und der Hund? Schreibe hier auf:*

Aufgabe 2: *Überlege, was geschah vorher? Schreibe unten in Stichwörtern auf.*

Tipp: Antworte auf die W-Fragen: Wer? Wann? Wo? Wie? Was ist passiert?

Aufgabe 3: *Und was passierte gerade eben? Was sieht der Junge nicht?*

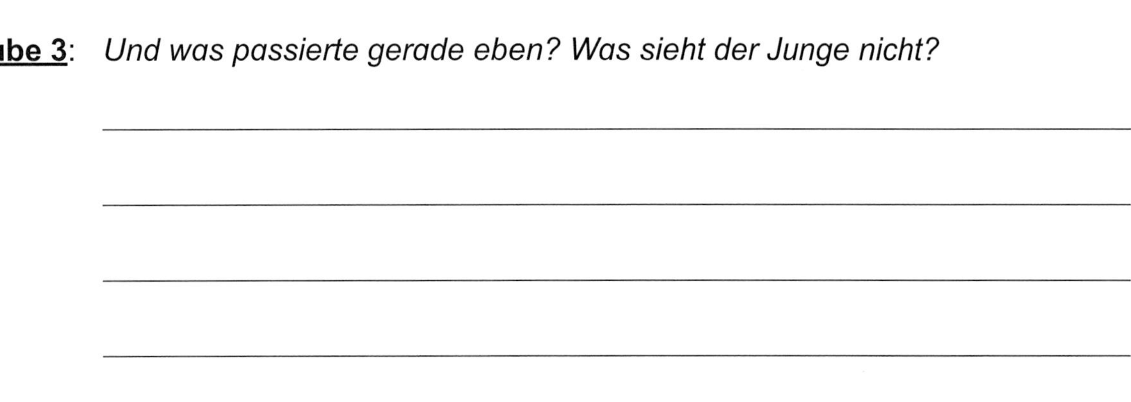

KOHL VERLAG
BILDaNLäSSE ZUM SCHREIBEN
Deutschübunhgen anhand inspirierender & origineller Bilder – Bestell-Nr. 12 404

Niveau

Bild 2

Aufgabe 4: *Beschreibe die Gefühle und/oder die Gedanken des Jungen.*

Aufgabe 5: *Unterstreiche* ***passende*** *Wörter und schreibe deine eigenen Stichwörter dazu.*

Wortschatzkiste

ärgern – Dackelhund – macht sich lustig –
Opa – ist sicher – füttern –
Leine – streicheln – wegrennen

Aufgabe 6: *Jan, ein Mitschüler des Jungen, läuft vorbei und beobachtet alles. Gleich will er seinem Freund davon berichten. Schreibe an Jans Stelle.*

Niveau

!

Bild 2

Aufgabe 1: *Schaue dir das Bild genau an und schreibe Stichwörter dazu in die Tabelle. Sortiere sie nach den Wortarten.*

Adjektive	Nomen	Verben

Aufgabe 2: *Erfinde den Anfang der Geschichte. Benutze deine Stichwörter. Beginne mit verschiedenen Satzanfängen.*

Aufgabe 3: *Beschreibe die Gefühle und die Gedanken des Jungen und des Hundes.*

BILDaNLäSSE ZUM SCHREIBEN
Deutschübunhgen anhand inspirierender & origineller Bilder – Bestell-Nr. 12 404
KOHL VERLAG

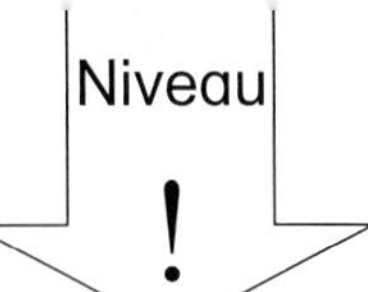

Bild 2

Aufgabe 4: *Wie läuft nun die nächste Stunde für den Jungen?*
Schreibe stichwortartig unten.

Stichwörter:

Aufgabe 5: *Erzähle die ganze Geschichte aus der Sicht des Hundes.*
Denke an die Überschrift!

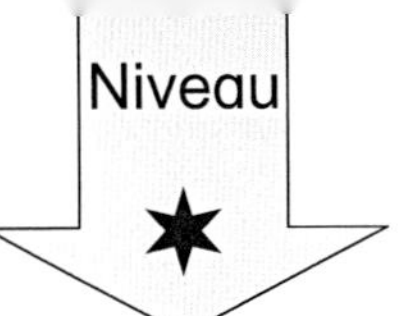

Bild 2

Aufgabe 1: *Schaue dir das Bild genau an und denke dir jeweils einen Namen für den Jungen und den Hund aus.*

________________________ ________________________

Aufgabe 2: *Was passiert gerade auf dem Bild? Erzähle und antworte dabei auf die W-Fragen: Wer? Wann? Wo? Wie? Was ist passiert? Schreibe in dein Heft.*

Aufgabe 3: *Nun ist deine Fantasie gefragt! Fehlen womöglich im Bild noch andere Personen, Gegenstände oder noch etwas? Male das Bild „fertig" oder Zeige mit Pfeilen, wo was sein sollte.*

Aufgabe 4: *Und jetzt? Wie könnte nun die Geschichte weitegehen? Überlege mit deinem Partner und erfindet zwei mögliche Fortsetzungen. Schreibt eure Ideen zuerst in die Stichwortfelder unten.*

1. Fortsetzung:

____

____

____

____

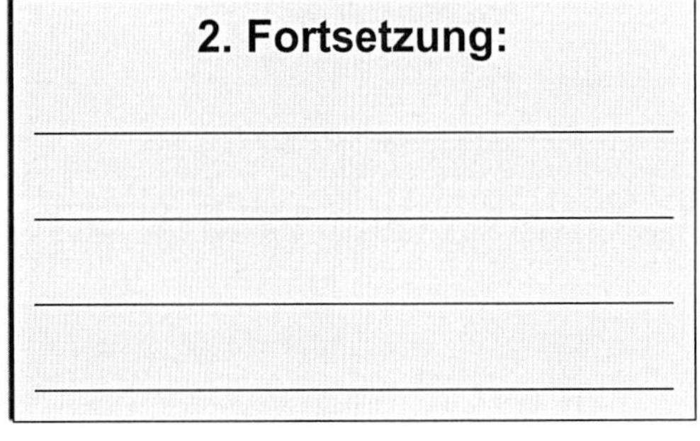

2. Fortsetzung:

____

____

____

____

Aufgabe 5: *Wähle eine von den zwei Fortsetzungen aus und erzähle die ganze Geschichte so, dass sie auch ohne das Bild verstanden wird. Denke an eine treffende Überschrift, die neugierig macht. Schreibe in ganzen Sätzen in dein Heft.*

BILDaNLäSSE ZUM SCHREIBEN
Deutschübunhgen anhand inspirierender & origineller Bilder – Bestell-Nr. 12 404

Niveau

Bild 3

Niveau

Bild 3

Aufgabe 1: *Schaue dir das Bild genau an und überlege dir Stichwörter zum Bild. Schreibe sie in das Feld unten.*

Stichwörter:

Aufgabe 2: **a)** *Um wen könnte es sich bei der Person handeln, von der wir nur die Hand sehen können? Ein Mann, eine Frau, ein Kind? Jung, alt ...? Schreibe deine Notizen hier auf.*

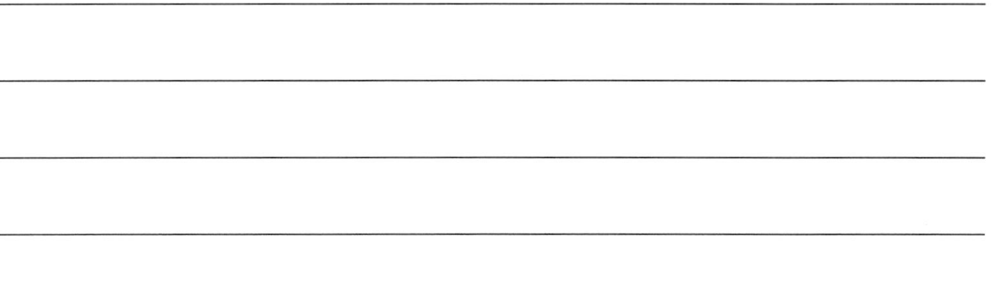

b) *Was für Gedanken könnte die Person haben? Fülle die Blasen aus.*

BILDaNLäSSE ZUM SCHREIBEN
Deutschübunhgen anhand inspirierender & origineller Bilder – Bestell-Nr. 12 404
KOHL VERLAG

Niveau

Bild 3

Aufgabe 3: *Überlege nun, was „davor" passiert sein könnte. Denke an die W-Fragen: Wer? Wo? Was? Warum? Schreibe in einer Zeitform.*

Aufgabe 4: *Welchen Ratschlag würdest du der Person auf dem Bild in dieser Situation geben?*

Aufgabe 5: *Wie endet nun die Geschichte deiner Meinung nach?*

a) *Schreibe hier ein paar Stichwörter dazu.*

b) *Schreibe einen interessanten Schluss der Geschichte auf.*

Niveau !

Bild 3

Aufgabe 1: *Hast du schon mal so ein Toilettenhäuschen aus Holz gesehen? Wo braucht man überhaupt so etwas?*

Zum Beispiel, ______________________

Aufgabe 2: *Schaue dir das Bild genau an und beschreibe es. Wo, mit wem und warum könnte so eine Situation passieren? Schreibe in ganzen Sätzen.*

____

____

____

____

Aufgabe 3: *Welche Gefühle, Emotionen und Gedanken hat jetzt wohl die Person? Emotionen kannst du auch als Smileys darstellen.*

Aufgabe 4: *Jetzt ist deine Fantasie gefragt! Was/wer (Gegenstände, Menschen, Tiere…) könnte in dieser Geschichte plötzlich „auftauchen“? Notiere deine Ideen in dein Heft.*

Aufgabe 5: *Schreibe nun in dein Heft, wie es zu dieser Situation kommen konnte. Reiche den Anfang deiner Geschichte an deinen Partner und beende eine Geschichte. Er schreibt ein passendes Ende zu deiner Geschichte.*

BILDaNLäSSE ZUM SCHREIBEN
Deutschübunhgen anhand inspirierender & origineller Bilder – Bestell-Nr. 12 404
KOHL VERLAG

Niveau

Bild 4

Niveau

Bild 4

Aufgabe 1: **a)** *Male das Bild aus.*

b) *Unterstreiche die Wörter, die zum Bild passen.*

Meeresstrand – Blätterhaufen – Hochhäuser – Spielplatz – Straßenlaterne – Sonne – Schnee – Wolken – Gehweg – Buch – Kopfbeule – Treppe – Handy – Hundehäufchen

Aufgabe 2: *Schaue dir das Bild genau an und antworte auf folgende Fragen.*

a) *Wen und was siehst du auf dem Bild?*

____

____

____

____

b) *Was ist gerade eben passiert? Sieh genau auf die Stirn des Mannes und auf die Laterne.*

____

____

____

____

c) *Was ist wohl vorher passiert? Beschreibe auch die Personen/Tiere, die vorher an dieser Stelle gewesen sein könnten.*

____

____

____

____

Niveau

Bild 4

Aufgabe 3: *Warst du oder jemand aus deinem Bekanntenkreis auch mal in der Situation, die abgebildet ist? Rede darüber mit deinem Partner.*

Stichwörter:

Aufgabe 4: *Wie geht's nun weiter? Stell dir vor, der Mann erzählt am Abend, was er an diesem Tag erlebt hat. Notiere hier zuerst deine Ideen und berichte dann in der Ich-Form. Schreibe in dein Heft..*

Stichwörter:

Niveau
!

Bild 4

Aufgabe 1: *Schaue dir das Bild genau an. Beschreibe die Person auf dem Bild. Welche Nomen, Adjektive und Verben passen zur Person? Fülle die Tabelle aus.*

Nomen	Adjektive	Verben

Aufgabe 2: *Was meinst du, wo war der Mann gerade und wohin geht er jetzt?*

____

____

____

____

Aufgabe 3: **a)** *Ist dir auch schon mal ein Zusammenstoß mit der Straßenlaterne passiert? Rede darüber mit deinem Partner.*

b) *Mit wem schreibt der Mann wohl auf dem Bild? Was tippt er gerade? Schreibe es hier auf:*

____

____

____

____

____

____

KOHL VERLAG BILDaNLäSSE ZUM SCHREIBEN Deutschübunhgen anhand inspirierender & origineller Bilder – Bestell-Nr. 12 404

Niveau
!

Bild 4

Aufgabe 4: *Stell dir vor, am Abend erzählt der Mann seiner/n Familie/Freunden, was ihm passiert ist. Überlege dir zwei verschiedene Fortsetzungen der Geschichte.*

a) *Schreibe zuerst deine Stichwörter hier auf.*

Stichwörter:

____

____

____

____

b) *Schreibe die zwei Geschichten in der Ich-Form auf. Denke an eine passende Überschrift!*

1. Fortsetzung:

____

____

____

____

____

____

2. Fortsetzung:

____

____

____

____

____

____

Niveau

Bild 5

BILDaNLässE ZUM SCHREIBEN
Deutschübunhgen anhand inspirierender & origineller Bilder – Bestell-Nr. 12 404
KOHL VERLAG

Niveau

Bild 5

Aufgabe 1: **a)** *Male das Bild aus.*

b) *Schaue dir das Bild genau an. Welche Wörter aus dem Rahmen passen deiner Meinung nach zur Situation auf dem Bild? Umkreise sie.*

kochen vor Wut – Schlangennest – aus dem Ei schlüpfen – ein Baumhaus bauen – Eier nehmen – reisebereit – auf den Baum klettern – hilfsbereit – den Dieb sehen – strahlen vor Freude – auf dem Herd kochen – angriffsbereit – ein Vogelnest im Strauch

Aufgabe 2: *Beschreibe hier den Mann und den Vogel in Stichwörtern.*

Mann	*Vogel*
____________________	____________________
____________________	____________________
____________________	____________________
____________________	____________________
____________________	____________________

a) *Was denkt sich wohl gerade der Mann? Und der Vogel? Schreibe in die Gedankenblasen.*

Niveau

Bild 5

Aufgabe 2: **b)** *Und wie ändern sich ihre Gedanken wohl in einer Minute? Schreibe sie auch auf.*

Aufgabe 3: *Wie endet wohl diese Geschichte? Schreibe hier zuerst stichwortartig und dann in ganzen Sätzen in dein Heft.*

Stichwörter:

BILDaNLäSSE ZUM SCHREIBEN
Deutschübunhgen anhand inspirierender & origineller Bilder – Bestell-Nr. 12 404
KOHL VERLAG

Niveau
!

Bild 5

Aufgabe 1: *Schaue dir das Bild genau an und schreibe in Stichwörtern auf, was du siehst.*

Stichwörter:

Aufgabe 2: *Was passierte wohl davor? Denke dir einen interessanten Anfang aus. Vergiss nicht, die W-Fragen zu beantworten.*

Warum? Was?
Wer? Wo?
Wann? Wie?

Niveau !

Bild 5

Aufgabe 3: *Beschreibe das Aussehen und die Gefühle der Personen auf dem Bild. Benutze Adjektive.*

	Aussehen	**Gefühle**
Mann		
Vogel		

Aufgabe 4: **a)** *Reiche den Anfang deiner Geschichte an deinen Nachbarn weiter und beende seine Geschichte. Schreibe in ganzen Sätzen in dein Heft.*

b) *Welche Überschriften könnten für eure Geschichten passen? Überlegt zusammen.*

BILDaNLäSSE ZUM SCHREIBEN
Deutschübunhgen anhand inspirierender & origineller Bilder – Bestell-Nr. 12 404
KOHL VERLAG

Niveau

Bild 6

Niveau

Bild 6

Aufgabe 1: **a)** *Male das Bild aus.*

b) *Bilde zusammengesetzte Nomen aus der Wortfamilie „Schnee“ und schreibe sie unten auf.*

Beispiel: Schnee + Mann = Schneemann

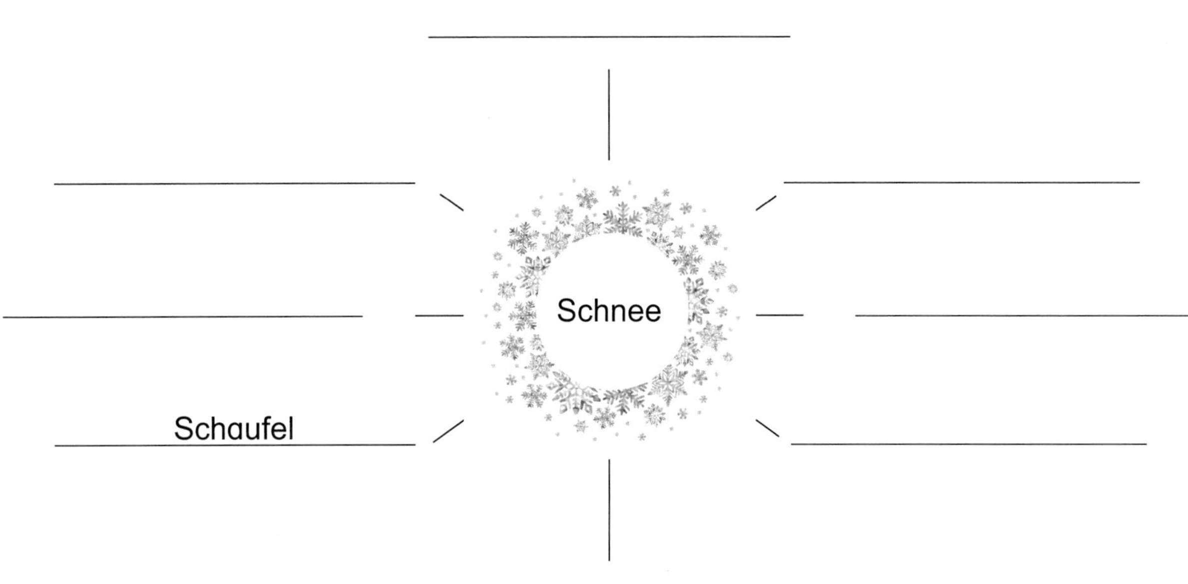

Aufgabe 2: *Schaue dir das Bild an. Was sieht man, was passiert gerade? Schreibe kurze Antworten auf die W-Fragen.*

Niveau ⦿

Bild 6

Aufgabe 3: *Was denkt sich wohl der Hase? Schreibe auf.*

____

____

____

____

____

____

____

Aufgabe 4: *Wie geht die Geschichte nun weiter? Finde zuerst mindestens fünf passende Stichwörter und schreibe dann in ganzen Sätzen in dein Heft.*

Stichwörter:

____

____

____

____

____

____

____

Niveau
!

Bild 6

<u>Aufgabe 1</u>: *Schaue dir das Bild an. Was siehst du? Schreibe deine Ideen in Stichwörtern auf.*

Stichwörter:

____

____

____

____

<u>Aufgabe 2</u>: *Überlege, was davor passiert sein könnte. Du kannst auch andere Personen/ Gegenstände in die Geschichte einführen. Schreibe in ganzen Sätzen hier auf.*

____

____

____

<u>Aufgabe 3</u>: *Stell dir vor, der Hase und der Schneemann könnten sprechen. Was würden sie zueinander sagen? Schreibe auf und vergiss nicht die wörtliche Rede.*

Schneemann: ______________________________

____

Schneehase: ______________________________

____

Schneemann: ______________________________

____

Schneehase: ______________________________

____

Schneemann: ______________________________

____

Schneehase: ______________________________

____

KOHL VERLAG
BILDaNLäSSE ZUM SCHREIBEN
Deutschübunhgen anhand inspirierender & origineller Bilder – Bestell-Nr. 12 404

Niveau

!

Bild 6

Aufgabe 4: *Schreibe deine Geschichte (auch, was davor war) auf. Denke an verschiedene Satzanfänge.*

Aufgabe 5: *Reiche den Anfang deiner Geschichte an deinen Nachbarn weiter und beende seine Geschichte. Er schreibt ein Ende zu deiner Geschichte. Schreibt in ganzen Sätzen in eure Hefte.*

Stichwörter:

Bild 7

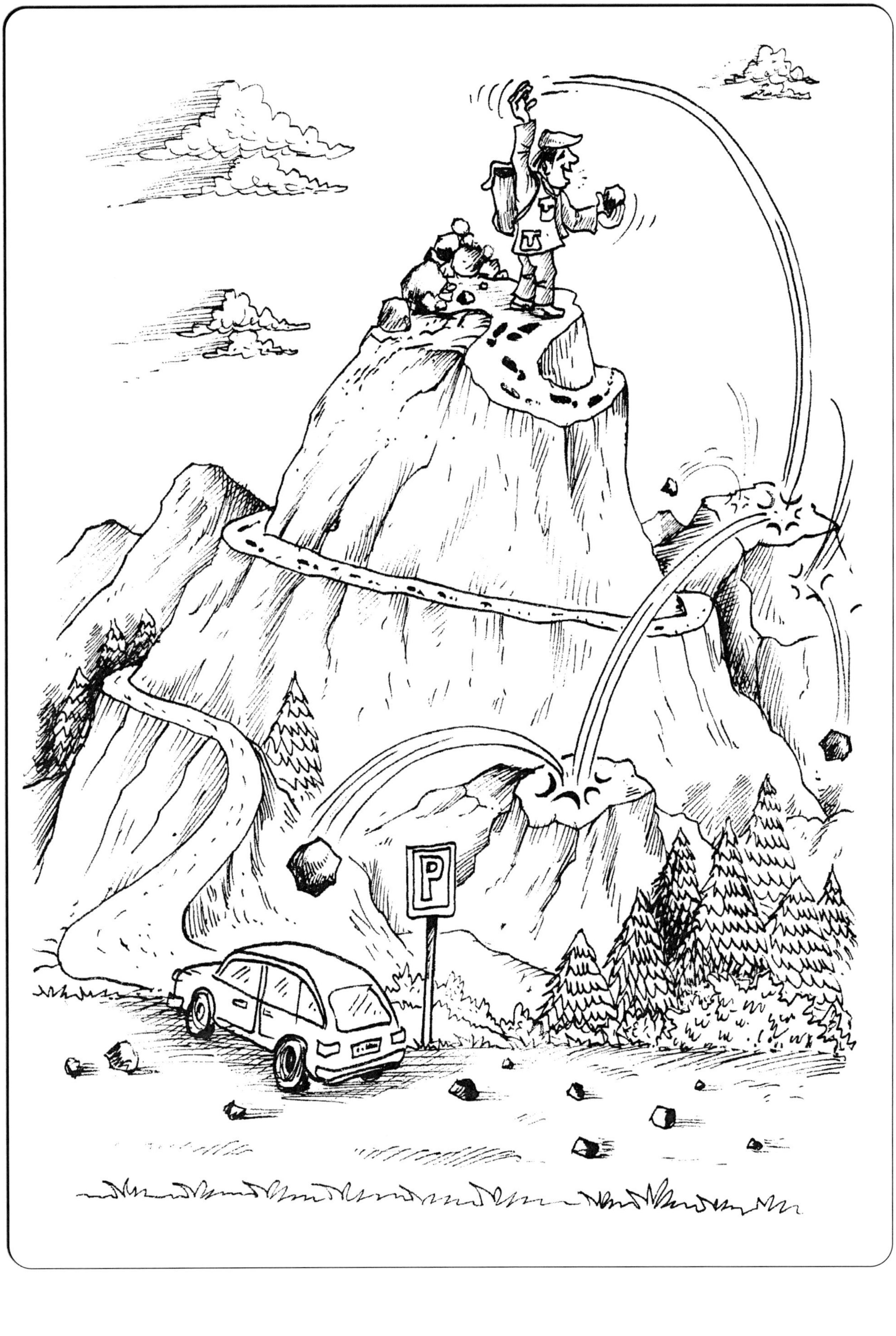

BILDaNLäSSE ZUM SCHREIBEN
Deutschübunhgen anhand inspirierender & origineller Bilder – Bestell-Nr. 12 404
KOHL VERLAG

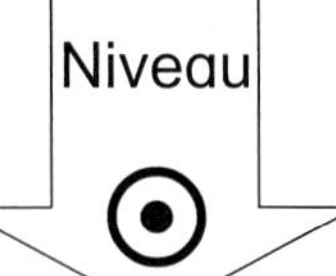

Bild 7

Aufgabe 1: **a)** *Male das Bild aus.*

b) *Schaue das Bild genau an. Welche der Wörter unten passen zum Bild? Unterstreiche sie.*

Berg – Meeresstrand – Berggipfel – Höhle – Bergweg – Birkenwald – Diamanten – Parkplatz – Steinschlag – Wanderer – Sternenhimmel – Treppe

Aufgabe 2: *Notiere in Stichwörtern, was du auf dem Bild siehst*

Stichwörter:

Aufgabe 3: *Was geschah wohl vorher? Schreibe hier in ganzen Sätzen.*

Niveau

Bild 7

Aufgabe 4: *Was denkt wohl der Mann gerade?*

Aufgabe 5: *Wie geht die Geschichte nun weiter? Denke dir eine interessante Fortsetzung aus. Beginne deine Sätze mit verschiedenen Satzanfängen. Mache dir hier zuerst Notizen in Form von Stichwörtern und schreibe dann in ganzen Sätzen in dein Heft.*

Stichwörter:

BILDaNLäSSE ZUM SCHREIBEN
Deutschübunhgen anhand inspirierender & origineller Bilder – Bestell-Nr. 12 404
KOHL VERLAG

Bild 7

Aufgabe 1: *Schaue dir das Bild genau an und beschreibe es stichwortartig.*

Stichwörter:

____

____

____

____

____

Aufgabe 2: **a)** *Was denkt wohl der Mann auf dem Bild gerade?*

b) *Welche Gefühle/Emotionen empfindet er? Schreibe mindestens 3 Wörter.*

________________________ ________________________

________________________ ________________________

Aufgabe 4: *Wie geht die Geschichte nun weiter? Denke dir zwei interessante Fortsetzungen aus. Schreibe deine Ideen zuerst stichwortartig unten auf. Schreibe dann in ganzen Sätzen in dein Heft. Denke an verschiedene Satzanfänge.*

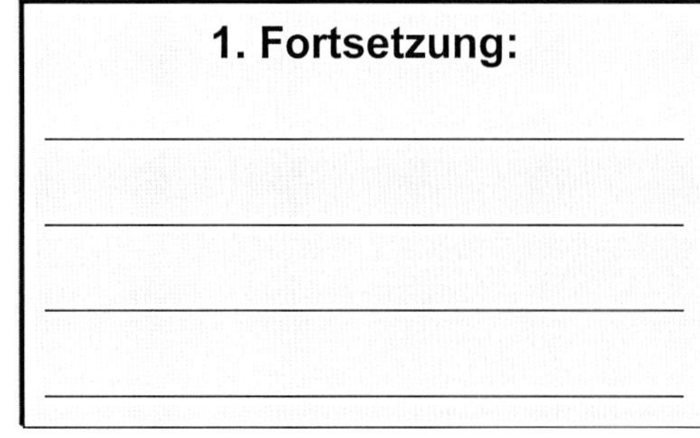

1. Fortsetzung:	**2. Fortsetzung:**

Niveau

Bild 8

Niveau ⊙

Bild 8

Aufgabe 1: **a)** *Male das Bild aus.*

b) *Bilde aus folgenden Wörtern sechs zusammengesetzte Nomen, die zum Bild passen. Schreibe sie in dein Heft.*

Beispiel: Wimpel + Kette = Wimpelkette

~~Wimpel~~ – Luft – Jahr – Kirche – Vogel – Baum – Land –
Ballon – ~~Kette~~ – Markt – Weg – Schnabel –
Ast – Turm

Aufgabe 2: *Schaue dir das Bild an und schreibe mindestens 5 Stichwörter dazu auf.*

Stichwörter:

____

____

____

____

Aufgabe 3: *Welche Gedanken könnte das Mädchen auf dem Bild haben? Und der Vogel? Überlege zusammen mit deinem Partner und schreibe unten auf. Denke an die Ich-Form*

____

____

____

____

Niveau ⊙

Bild 8

Aufgabe 4: *Nun ist eure Fantasie gefragt!*

a) *Schreibe zusammen mit deinem Tischnachbarn eine Geschichte zu dem Bild: Einer von euch schreibt einen passenden Anfang, der andere einen interessanten Schluss. Ihr könnt euch aussuchen, wer welchen Teil übernimmt. Notiert eure Ideen zuerst als Stichwörter.*

b) *Verbindet nun den Anfang und den Schluss zu einer ganzen Geschichte. Schreibt in in ganzen Sätzen.*

c) *Denkt zusammen eine treffende Überschrift aus.*

Niveau
!

Bild 8

Aufgabe 1: *Schaue dir das Bild genau an. Beschreibe alles, was du siehst, in Stichwörtern.*

Stichwörter:

Aufgabe 2: *Was ist gerade passiert? Wer könnte den Weg entlang gelaufen sein? Und wie viele Personen waren es? Schreibe in 3-4 vollständigen Sätzen.*

Aufgabe 3: *Überlege dir, wo das Mädchen gerade war, was hat es gemacht? Schreibe es hier auf.*

Niveau
!

Bild 8

Aufgabe 4: **a)** *Was wird wohl gleich passieren? Denke zwei mögliche Fortsetzungen aus.*

Notiere zuerst deine Gedanken als Stichwörter und schreibe dann in ganzen Sätzen in dein Heft.

Stichwörter:

____

____

____

____

____

____

b) *Schreibe nun die ganze Geschichte von Anfang an hier auf. Denke dir eine treffende Überschrift aus. Schreibe in einer Zeitform.*

____

____

____

____

____

____

____

____

____

____

____

KOHL VERLAG Lernen mit Erfolg
BILDaNLäSSE ZUM SCHREIBEN
Deutschübunhgen anhand inspirierender & origineller Bilder – Bestell-Nr. 12 404

Niveau

Bild 9

Niveau

Bild 9

Aufgabe 1: **a)** *Male das Bild aus.*

b) *Schreibe im Stichwortfeld alles auf, was dir einfällt, wenn du das Bild betrachtest.*

Stichwörter:

Aufgabe 2: *Wer könnte die Person auf dem Bild sein? Schreibe deine Vorschläge hier auf.*

Aufgabe 3: *Erzähle nun, was du auf dem Bild siehst. Benutze deine Stichwörter. Denke dir einen Namen für die Person aus.*

Stichwörter:

BILDaNLäSSE ZUM SCHREIBEN
Deutschübunhgen anhand inspirierender & origineller Bilder – Bestell-Nr. 12 404
KOHL VERLAG

Niveau

Bild 9

Aufgabe 4: *Wie könnte es zu der Situation auf dem Bild kommen? Was hat die Person vorher gemacht? Schreibe es hier in ganzen Sätzen auf.*

Aufgabe 5: *Was/Wer fehlt wohl auf dem Bild? Was/Wen noch würdest du ins Bild einsetzen?*

Aufgabe 6: *Wie geht nun die Geschichte weiter? Schreibe zuerst Stichpunkte unten auf.*

Stichwörter:

Niveau
!

Bild 9

Aufgabe 1: *Schaue dir das Bild an und schreibe kurz, was „vorher“, zum Beispiel vor einer Stunde, zu sehen war.*

___

___

Aufgabe 2: *Versuche, dich in die Rolle der Person mit dem Schlauch zu versetzen und stelle dir ihre Gedanken vor.*

Vor 10 Minuten: ___

___

jetzt gerade: ___

___

10 Minuten später: ___

___

Aufgabe 3: *Ist dir oder jemandem aus deiner Familie schon mal so etwas passiert? Erzähle.*

Aufgabe 4: *Wie läuft es nun weiter? Überlege und denke dir drei mögliche Schlüsse für die Geschichte aus. Schreibe hier kurz auf.*

1. ___

___

2. ___

___

3. ___

___

KOHL VERLAG Lernen mit Erfolg
BILDaNLäSSE ZUM SCHREIBEN
Deutschübunhgen anhand inspirierender & origineller Bilder – Bestell-Nr. 12 404

Niveau

Bild 10

Niveau ⊙

Bild 10

Aufgabe 1: **a)** *Male das Bild aus.*

b) *Schaue dir die zwei Bilder genau an und schreibe deine Gedanken in Stichwörtern unten auf.*

Bild oben:	**Bild unten:**

Aufgabe 2: *Schreibe hier die Gedanken der zwei Männer aus dem oberen Bild auf.*

Mann mit der Kappe: „Ich ______________________________“.

Mann ohne Kappe: „Ich ______________________________“.

Aufgabe 3: *Stell dir vor, dein Sparschwein ist endlich voll. Was machst du nun mit dem Geld? Welche Idee kommt auf Platz 1? Und auf dem 2. und dem 3. Platz? Schreibe deine Gedanken in dein Heft.*

Aufgabe 4: *Wie könnte nun die Geschichte weitergehen? Beginne jeden Satz anders.*

____

____

____

____

____

KOHL VERLAG BILDaNLäSSE ZUM SCHREIBEN Deutschübunhgen anhand inspirierender & origineller Bilder – Bestell-Nr. 12 404

Niveau
!

Bild 10

Aufgabe 1: *Schaue dir das Bild genau an und denke dir Namen für die zwei Männer aus.*

Mann mit Kappe: ______________________

Mann ohne Kappe: ______________________

Aufgabe 2: *Wo haben die Männer wohl ihre Sparschweine her? Schreibe deine Ideen hier auf.*

____

____

____

Aufgabe 3: *Stell dir vor, dein Sparschwein ist endlich voll. Du schätzt, es könnte eine nette Summe um die 1000 Euro sein.*

a) *Was machst du nun mit dem Geld? Platziere deine Ideen unten.*

1. ____

____

2. ____

____

3. ____

____

b) *Stellt euch vor, jeder von euch spendet ein Viertel von seinen gesparten 1000 Euro für eine gute Sache in eurem Ort, die vielen Leuten Nutzen bringt. Wofür würdet ihr spenden? Diskutiert in einer Gruppe. Macht Notizen und tauscht dann eure Meinungen mit der anderen Gruppe aus.*

Aufgabe 4: *Stellt euch das Gespräch zwischen den zwei Männern vor. Schreibt dieses Gespräch wie ein Rollenspiel in der wörtlichen Rede auf. Schreibt in euer Heft.*

Mann mit der Kappe (______________): ______________________

Mann ohne Kappe (______________): ______________________

Niveau ★

Bild 10

Aufgabe 1: *Schaue dir die zwei Bilder genau an. Versetze dich in die Rolle einer der beiden Männer und erzähle, was vorher geschah.*

Aufgabe 2: *Beschreibe hier die Gedanken und die Gefühle der Männer.*

Mann mit Mütze:

____

____

____

____

____

____

Mann ohne Mütze:

____

____

____

____

____

____

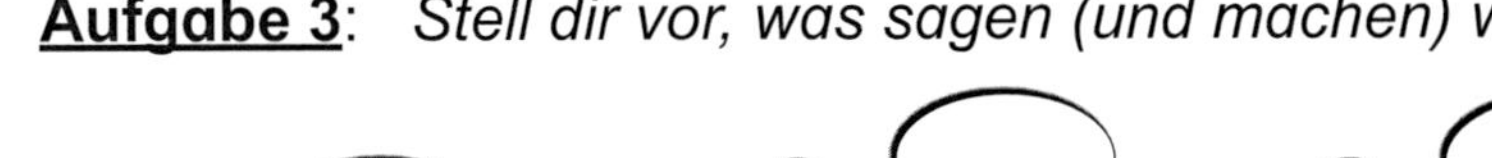

Aufgabe 3: *Stell dir vor, was sagen (und machen) wohl die Passanten?*

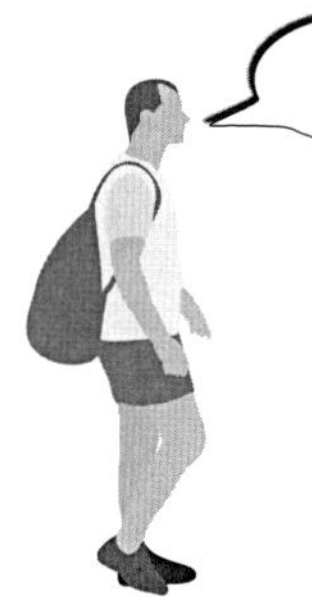

____

____

____

____

____

Niveau

★

Bild 10

Aufgabe 4: *Überlege zusammen mit deinem Partner, welche Tipps ihr den Männern geben könntet, um das Problem friedlich zu lösen? Notiert hier zuerst eure Ideen und schreibt eure Vorschläge dann in eurem Heft auf.*

Stichwörter:

____

____

____

____

____

____

Aufgabe 5: **a)** *Spielt diese Geschichte als Rollenspiel in der Klasse.*

b) *Stell dir vor, du sollst die Geschichte aus der Sicht einer der beiden Männer erzählen. Mache dir hier zunächst Notizen und schreibe anschließend die ganze Geschichte in dein Heft. Finde eine passende Überschrift!*

Stichwörter:

____

____

____

____

____

____

Niveau

Bild 11

BILDaNLässE ZUM SCHREIBEN
Deutschübunhgen anhand inspirierender & origineller Bilder – Bestell-Nr. 12 404
KOHL VERLAG

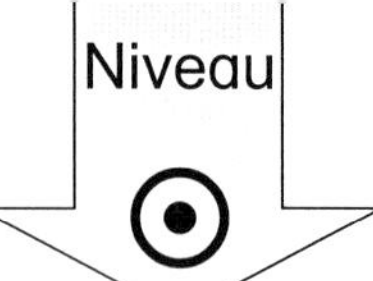

Bild 11

Aufgabe 1: **a)** *Male das Bild aus.*

b) *Was passt zusammen? Verbinde und schreibe die zusammengesetzten Wörter auf.*

Ess-	Strauß
Blumen-	Blume
Zimmer-	Tasse
Kaffee-	Bild
Topf-	Tür
Wand-	Zimmer

______________________ ______________________

______________________ ______________________

______________________ ______________________

Aufgabe 2: *Sieh dir das Bild genau an. Beschreibe das Bild mit Hilfe von Stichwörtern.*

Stichwörter:

____

____

____

Aufgabe 3: *Was denken wohl die Personen auf dem Bild gerade?*

Junge ______________________

Frau mit Blumen ______________________

Frau mit der Kette ______________________

Aufgabe 4: *Und jetzt? Wie könnte die Geschichte weitergehen? Denke dir eine interessante Fortsetzung aus. Finde zuerst passende Stichwörter und schreibe dann in ganzen Sätzen. Schreibe in dein Heft.*

Niveau !

Bild 11

Aufgabe 1: *Schaue dir das Bild genau an und beschreibe es stichwortartig.*

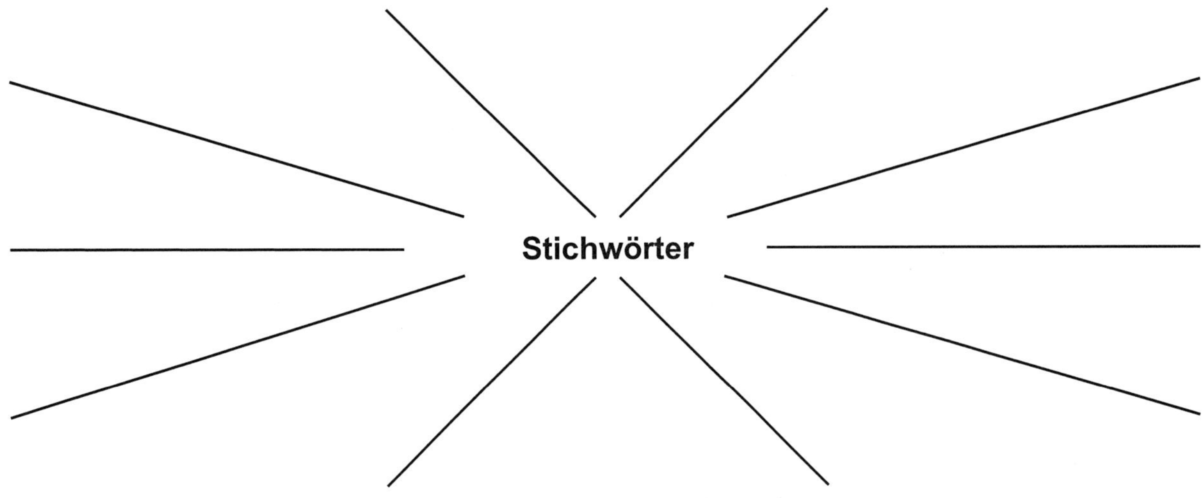

Aufgabe 2: *Beantworte folgende Fragen zum Bild. Deiner Fantasie sind keine Grenzen gesetzt! Schreibe in dein Heft.*

a) *Wie heißen die drei auf dem Bild und wie alt sind sie?*

b) *Wer ist wohl die Frau mit den Blumen? Zu welchem Anlass ist sie gekommen?*

c) *Wie fühlt sich der Junge gerade und was macht er? Warum macht er das?*

Aufgabe 3: *Beschreibe die Gedanken/Stimmungen der Personen auf dem Bild in jeweils drei Wörtern.*

Junge ____________ ____________ ____________

Frauen ____________ ____________ ____________

Aufgabe 4: *Erzähle nun die Geschichte zu Ende. Du kannst auch weitere Personen einführen!*

Schreibe in dein Heft.

a) *aus der Sicht des Jungen*

b) *aus der Sicht einer der beiden Frauen*

Niveau ✶

Bild 11

Aufgabe 1: *Schaue dir das Bild genau an und beschreibe es stichwortartig.*

Vordergrund:	**Hintergrund:**
______________________	______________________
______________________	______________________
______________________	______________________
______________________	______________________

Aufgabe 2: *Erzähle aus der Sicht des Jungen, was vorher passiert sein könnte. Denke an die Ich-Form!*

____

____

____

____

Tipps für dich!

Schreibe in einer Zeit.
Vergiss nicht, die W-Fragen zu beantworten.
Beginne mit verschiedenen Satzanfängen.
Verwende die wörtliche Rede.

Aufgabe 3: *Jetzt ist deine Fantasie gefragt! Was könnte nun passieren? Denke dir zwei verschiedene Schlüsse für die Geschichte aus. Notiere deine Gedanken zuerst unten in Stichwörtern und schreibe anschließend in ganzen Sätzen in dein Heft auf.*

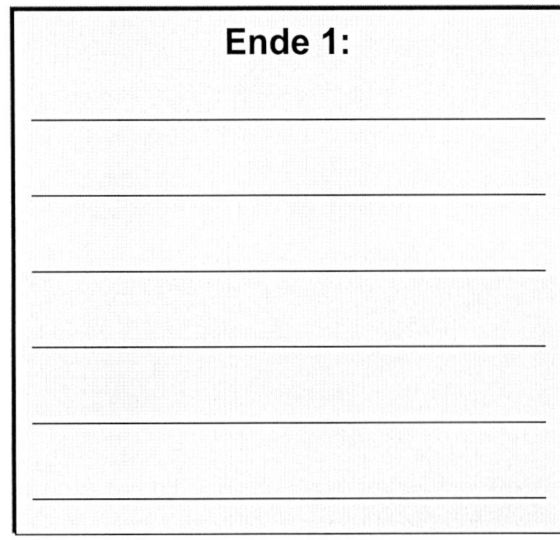

Ende 1:	**Ende 2:**
______________________	______________________
______________________	______________________
______________________	______________________
______________________	______________________
______________________	______________________
______________________	______________________